AF175476

Impressum
Verlag: BABADADA GmbH, Nedderfeld 112 , 22529 Hamburg
Geschäftsführer / Verlagsleitung: Harald Hof
Druck: Books on Demand GmbH, In de Tarpen 42, 22848 Norderstedt

Imprint
Publisher: BABADADA GmbH, Nedderfeld 112 , 22529 Hamburg, Germany
Managing Director / Publishing direction: Harald Hof
Print: Books on Demand GmbH, In de Tarpen 42, 22848 Norderstedt

het klaslokaal
klaslokaal

delen
delen

186/2

het bord
bord

het schoolplein
speelplaats

de leraar
leerkracht

het papier
papier

schrijven
schrijven

de pen
pen

het bureau
bureau

de lineaal
liniaal

het boek
boek

de leerling
leerling

de schooltas

schooltas

de etui

pennenzak

het potlood

potlood

de puntenslijper

puntenslijper

de gum

gom

het schetsblok

tekenblok

de tekening

tekening

het penseel

verfborstel

de verfdoos

verfdoos

de schaar

schaar

de lijm

lijm

het schrift

werkboek

het huiswerk

huiswerk

het getal

nummer

optellen

optellen

aftrekken

aftrekken

vermenigvuldigen

vermenigvuldigen

rekenen

rekenen

de letter

letter

het alfabet

alfabet

het woord

woord

de tekst

tekst

lezen

Lezen

het krijt

krijt

de les

les

het klassenboek

klassenboek

het examen

examen

het diploma

certificaat

het schooluniform

schooluniform

de opleiding

onderwijs

de encyclopedie

encyclopedie

de universiteit

universiteit

de microscoop

microscoop

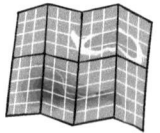

de kaart

kaart

de prullenmand

papiermand

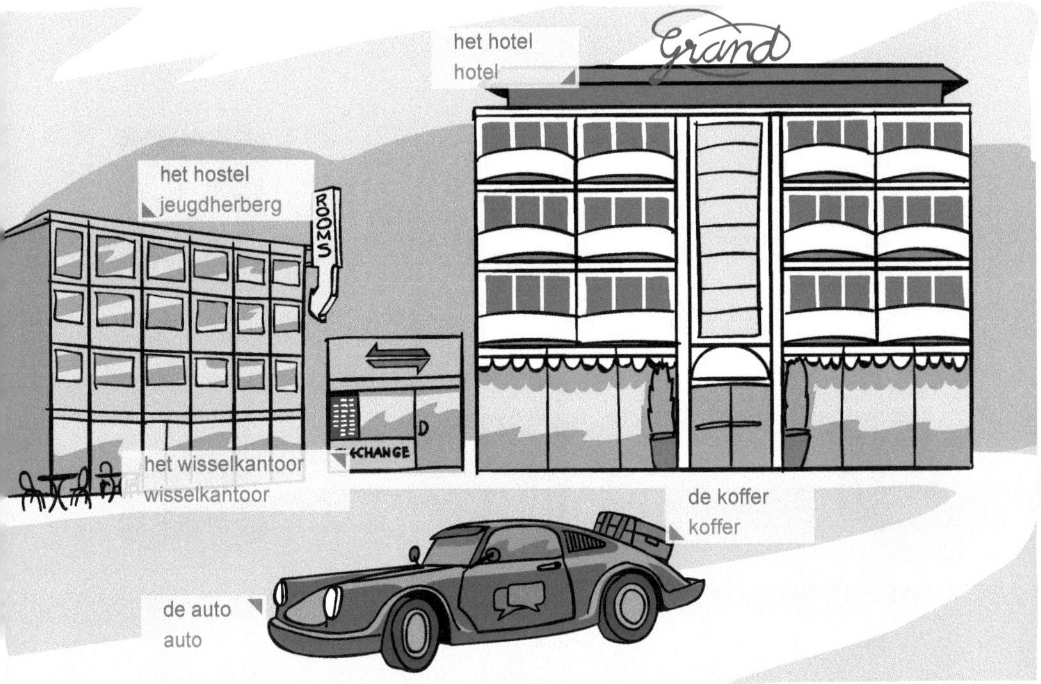

het hotel
hotel
Grand
het hostel
jeugdherberg
ROOMS
het wisselkantoor
wisselkantoor
EXCHANGE
de koffer
koffer
de auto
auto

de taal

Taal

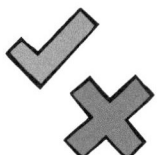

ja / nee

ja / nee

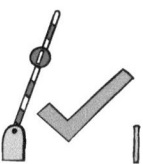

oké

oké

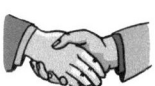

Hallo!

hallo

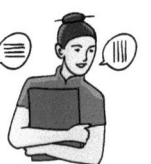

de tolk

vertaler

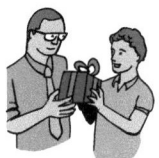

Bedankt.

bedankt

Wat kost …?

Hoeveel kost …?

Ik begrijp het niet.

Ik begrijp het niet

het probleem

probleem

Goedenavond!

Goedenavond!

Goedemorgen!

Goedemorgen!

Goedenacht!

Goedenavond!

Tot ziens!

Tot ziens

de richting

richting

de bagage

bagage

de tas

zak

de rugzak

rugzak

de gast

gast

de kamer

kamer

de slaapzak

slaapzak

de tent

tent

de reis - reis

het VVV-kantoor

toeristeninformatie

het strand

strand

de creditkaart

kredietkaart

het ontbijt

ontbijt

de lunch

lunch

het diner

avondeten

het kaartje

ticket

de lift

lift

de postzegel

postzegel

de grens

grens

de douane

douane

de ambassade

ambassade

het visum

visum

het paspoort

paspoort

de reis - reis

transport

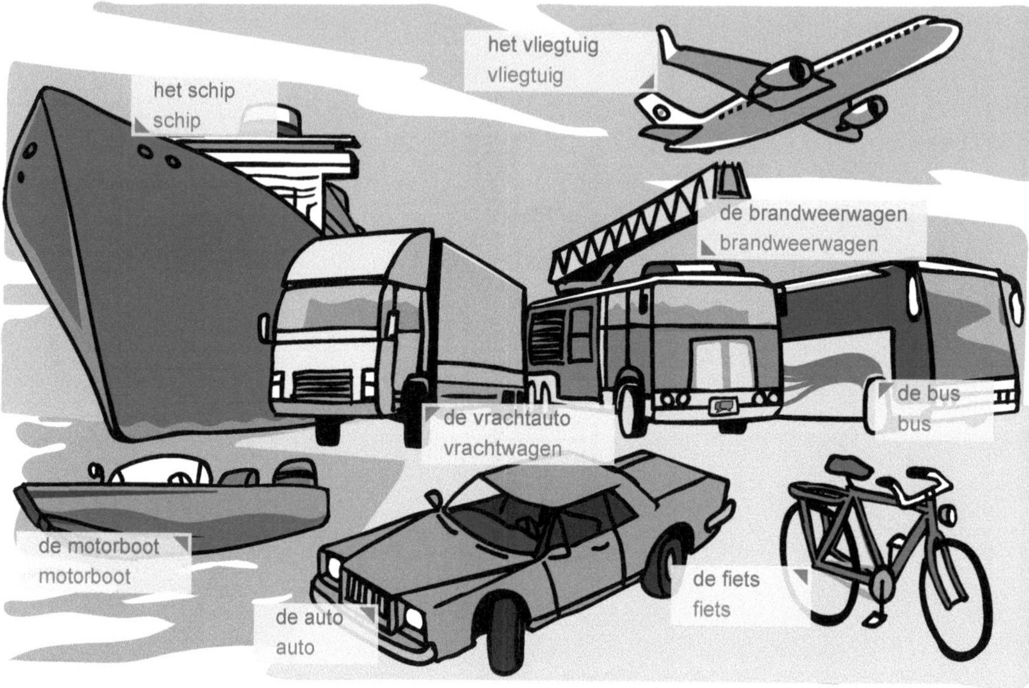
het vliegtuig
vliegtuig
het schip
schip
de brandweerwagen
brandweerwagen
de bus
bus
de vrachtauto
vrachtwagen
de motorboot
motorboot
de fiets
fiets
de auto
auto

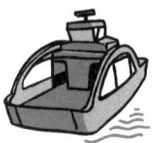

de veerboot

veerboot

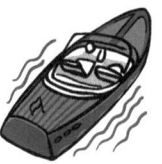

de boot

boot

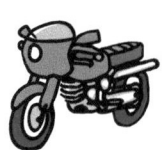

de motorfiets

motor

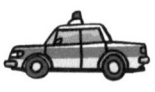

de politiewagen

politiewagen

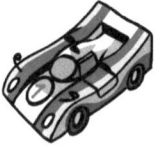

de raceauto

racewagen

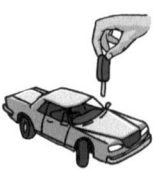

de huurauto

huurauto

de carsharing

carpoolen

de takelwagen

sleepwagen

de vuilniswagen

vuilniswagen

de motor

motor

de benzine

benzine

de benzinepomp

benzinestation

het verkeersbord

verkeersbord

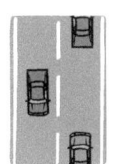

het verkeer

verkeer

de file

file

de parkeerplaats

parkeerplaats

het station

station

de rails

sporen

de trein

trein

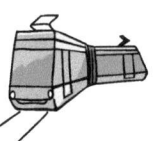

de tram

tram

de wagon

wagon

de helikopter

helikopter

de luchthaven

luchthaven

de toren

toren

de passagier

passagier

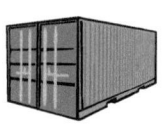

de container

container

de verhuisdoos

karton

de kar

kar

de mand

mand

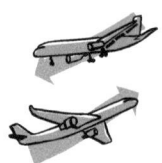

opstijgen / landen

opstijgen / landen

stad

het dorp

dorp

het stadscentrum

stadscentrum

het huis

huis

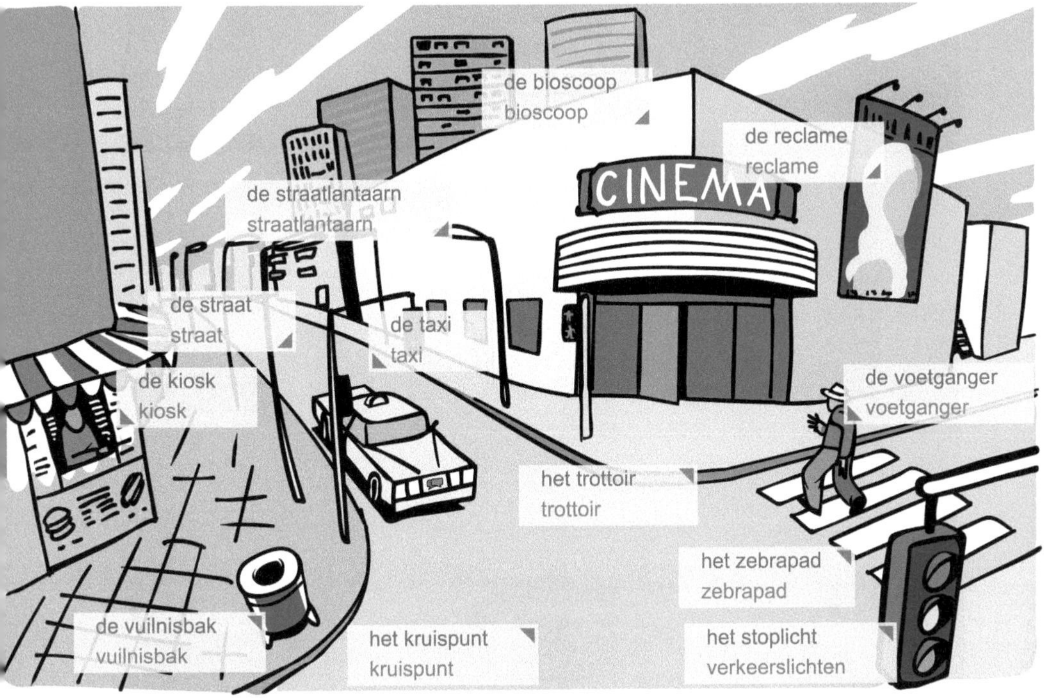

de bioscoop
bioscoop

de reclame
reclame

de straatlantaarn
straatlantaarn

CINEMA

de straat
straat

de taxi
taxi

de kiosk
kiosk

de voetganger
voetganger

het trottoir
trottoir

het zebrapad
zebrapad

de vuilnisbak
vuilnisbak

het kruispunt
kruispunt

het stoplicht
verkeerslichten

de hut

hut

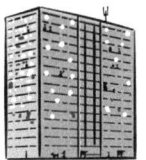

het appartement

woning

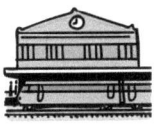

het station

station

het stadhuis

stadshuis

het museum

museum

de school

school

de stad - stad

11

de universiteit

universiteit

de bank

bank

het ziekenhuis

ziekenhuis

het hotel

hotel

de apotheek

apotheek

het kantoor

kantoor

de boekenwinkel

boekwinkel

de winkel

winkel

de bloemenwinkel

bloemenwinkel

de supermarkt

supermarkt

de markt

markt

het warenhuis

warenhuis

de visboer

vishandelaar

het winkelcentrum

winkelcentrum

de haven

haven

het park

park

de bank

bank

de brug

brug

de trap

trap

de metro

metro

de tunnel

tunnel

de bushalte

bushalte

de bar

bar

het restaurant

restaurant

de brievenbus

brievenbus

het straatnaambord

straatnaambord

de parkeermeter

parkeermeter

de dierentuin

zoo

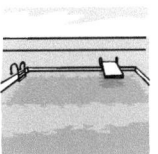

het zwembad

zwembad

de moskee

moskee

de boerderij

boerderij

de vervuiling

milieuverontreiniging

de begraafplaats

kerkhof

de kerk

kerk

de speelplaats

speelplaats

de tempel

tempel

landschap

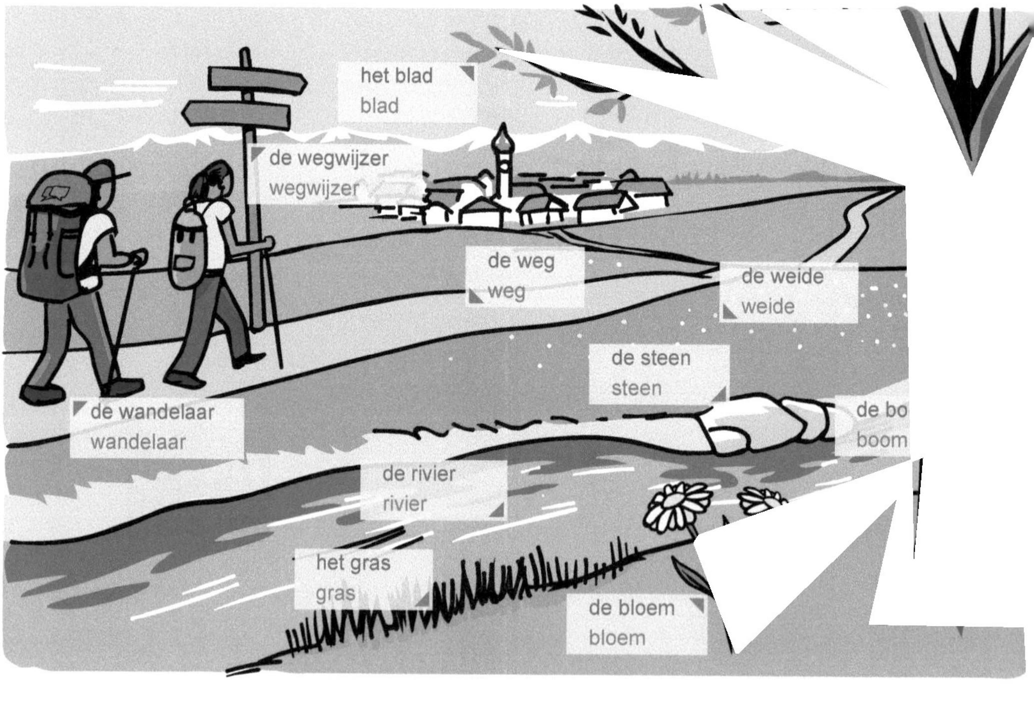

het blad
blad

de wegwijzer
wegwijzer

de weg
weg

de weide
weide

de steen
steen

de bo
boom

de wandelaar
wandelaar

de rivier
rivier

het gras
gras

de bloem
bloem

de vallei

vallei

de berg

heuvel

het meer

meer

het bos

bos

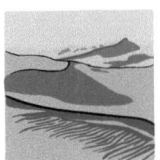

de woestijn

woestijn

de vulkaan

vulkaan

het kasteel

kasteel

de regenboog

regenboog

de paddenstoel

paddenstoel

de palmboom

palmboom

de mug

mug

de vlieg

vlieg

de mier

mier

de bij

bijl

de spin

spin

de kever

kever

de kikker

kikker

de eekhoorn

eekhoorn

de egel

egel

de haas

haas

de uil

uil

de vogel

vogel

de zwaan

zwaan

het wild zwijn

wild zwijn

het hert

hert

de eland

eland

de stuwdam

dam

de windmolen

windturbine

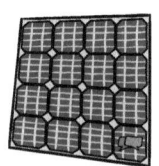

het zonnepaneel

zonnepaneel

het klimaat

klimaat

de ober
ober

het menu
menu

de stoel
stoel

de soep
soep

de pizza
pizza

het bestek
bestek

het tafelkleed
tafelkleed

het voorgerecht
voorgerecht

het hoofdgerecht
hoofdgerecht

het toetje
nagerecht

de dranken
drankjes

het eten
eten

de fles
fles

het restaurant - restaurant

de/het fastfood

fastfood

het eetkraampje

street food

de theepot

theepot

de suikerpot

suikerpot

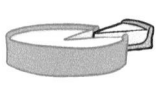

de portie

portie

de espressomachine

espressomachine

de kinderstoel

kinderstoel

de rekening

rekening

het dienblad

dienblad

het mes

mes

de vork

vork

de lepel

lepel

de theelepel

theelepel

het servet

serviette

het glas

glas

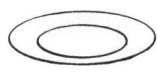

het bord

bord

het soepbord

soepbord

de schotel

schoteltje

de saus

saus

het zoutvaatje

zoutvatje

de pepermolen

pepermolen

de azijn

azijn

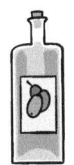

de olie

olie

de kruiden

kruiden

de ketchup

ketchup

de mosterd

mosterd

de mayonaise

mayonaise

supermarkt

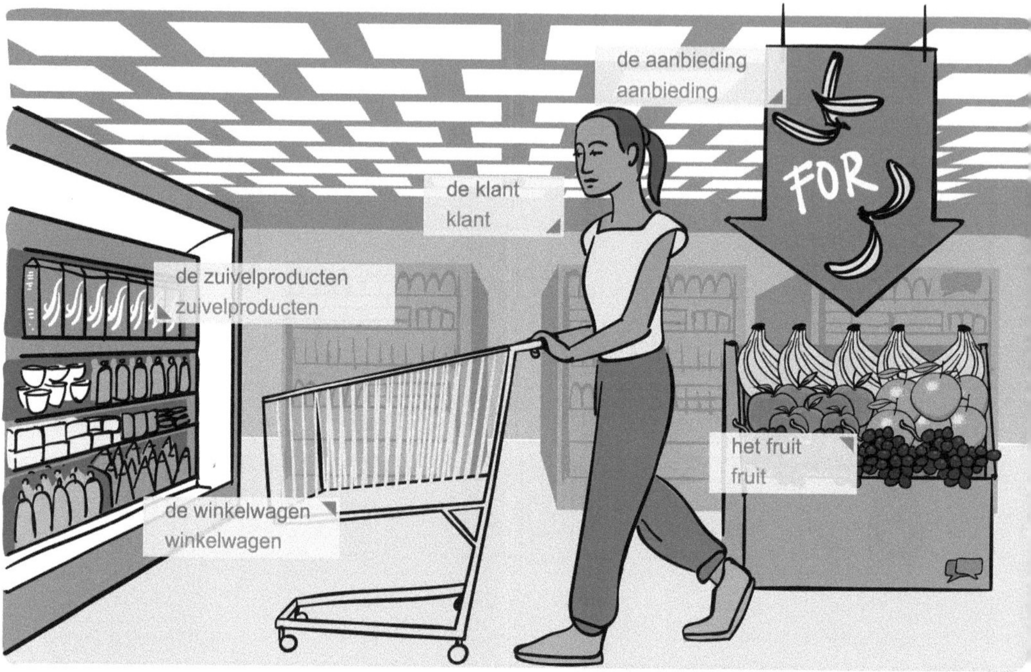

de aanbieding
aanbieding
FOR
de klant
klant
de zuivelproducten
zuivelproducten
het fruit
fruit
de winkelwagen
winkelwagen

BUTCHERS

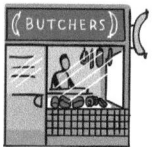

de slager

slagerij

BAKERY

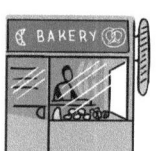

de bakkerij

bakkerij

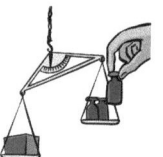

wegen

wegen

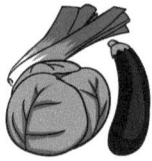

de groente

groenten

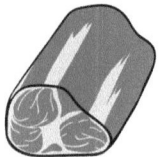

het vlees

vlees

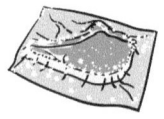

de diepvriesproducten

diepvriesvoedsel

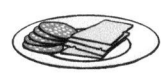

de vleeswaren

charcuterie

de conserven

conserven

het wasmiddel

waspoeder

het snoepgoed

snoep

de huishoudelijke artikelen

huishoudproducten

het schoonmaakmiddel

schoonmaakproducten

de verkoopster

verkoopster

de kassa

kassa

de kassier

kassier

het boodschappenlijstje

boodschappenlijstje

de openingstijden

openingstijden

de portefeuille

portefeuille

de creditkaart

kredietkaart

de tas

tas

de plastic zak

plastieken zakje

het water

water

het sap

sap

de melk

melk

de cola

cola

de wijn

wijn

het bier

bier

de alcohol

alcohol

de chocolademelk

cacao

de thee

thee

de koffie

koffie

de espresso

espresso

de cappuccino

cappuccino

de banaan

banaan

de appel

appel

de sinaasappel

sinaasappel

de watermeloen

meloen

de citroen

citroen

de wortel

wortel

de knoflook

knoflook

de bamboe

bamboe

de ui

ajuin

de paddenstoel

champignon

de noten

noten

de pasta

noodles

de spaghetti
spaghetti

de rijst
rijst

de salade
salade

de friet
frieten

de gebakken aardappelen
gebakken aardappelen

de pizza
pizza

de hamburger
hamburger

de sandwich
sandwich

de schnitzel
kalfslapje

de ham
ham

de salami
salami

de worst
worst

de kip
kip

het gebraad
braden

de vis
vis

de havermout

havervlokken

de muesli

muesli

de cornflakes

cornflakes

het meel

bloem

de croissant

croissant

de broodjes

pistolet

het brood

brood

de toast

toast

de koekjes

koekjes

de boter

boter

de kwark

kwark

de taart

taart

het ei

ei

het gebakken ei

spiegelei

de kaas

kaas

het ijs
ijs

de suiker
suiker

de honing
honing

de jam
confituur

de chocoladepasta
choco

de kerrie
curry

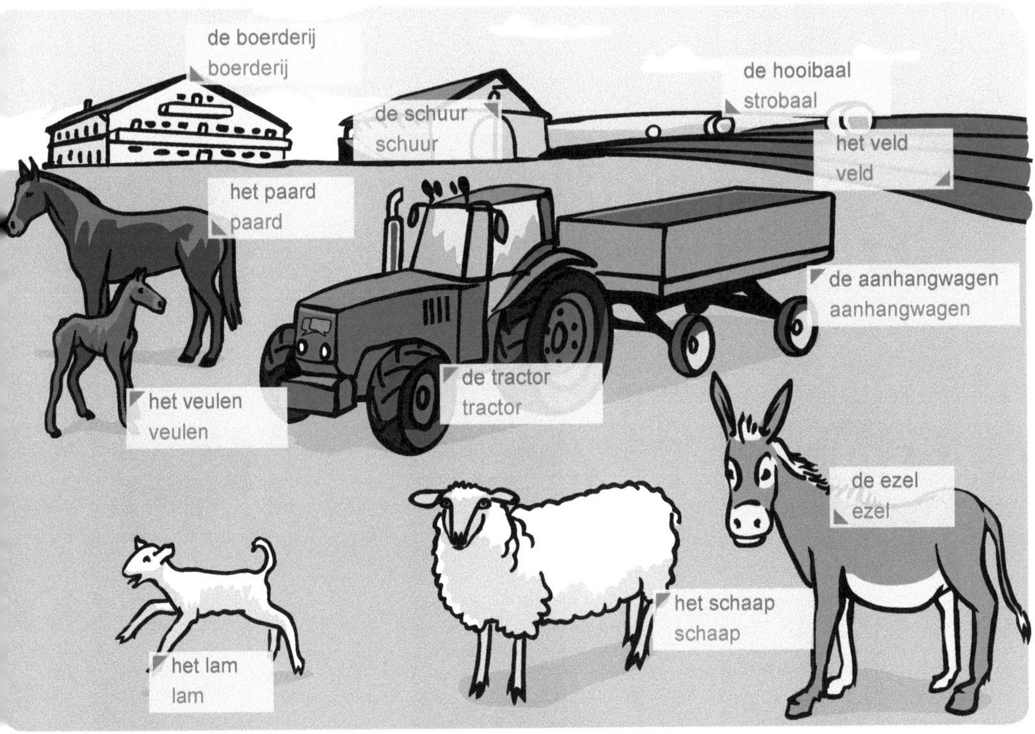

de boerderij
boerderij

de schuur
schuur

de hooibaal
strobaal

het veld
veld

het paard
paard

de aanhangwagen
aanhangwagen

de tractor
tractor

het veulen
veulen

de ezel
ezel

het schaap
schaap

het lam
lam

de geit

geit

de koe

koe

het kalf

kalf

het varken

varken

de big

biggetje

de stier

stier

de gans

gans

de eend

eend

het kuiken

kuiken

de kip

kip

de haan

haan

de rat

rat

de kat

kat

de muis

muis

de os

os

de hond

hond

het hondenhok

hondenhok

de tuinslang

tuinslang

de gieter

gieter

de zeis

zeis

de ploeg

ploeg

de sikkel

sikkel

de schoffel

schoffel

de hooivork

hooivork

de bijl

bijl

de kruiwagen

kruiwagen

de trog

trog

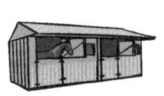

de melkbus

melkkan

de zak

zak

het hek

hek

de stal

stal

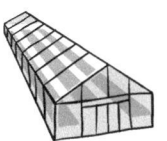

de broeikas

broeikas

de grond

bodem

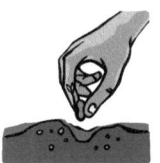

het zaad

zaad

de mest

mest

de maaidorser

maaidorser

oogsten

oogsten

de oogst

oogst

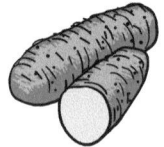

de yam

yam

de tarwe

tarwe

de soja

soja

de aardappel

aardappel

de maïs

maïs

het koolzaad

koolzaad

de fruitboom

fruitboom

de maniok

maniok

de granen

graan

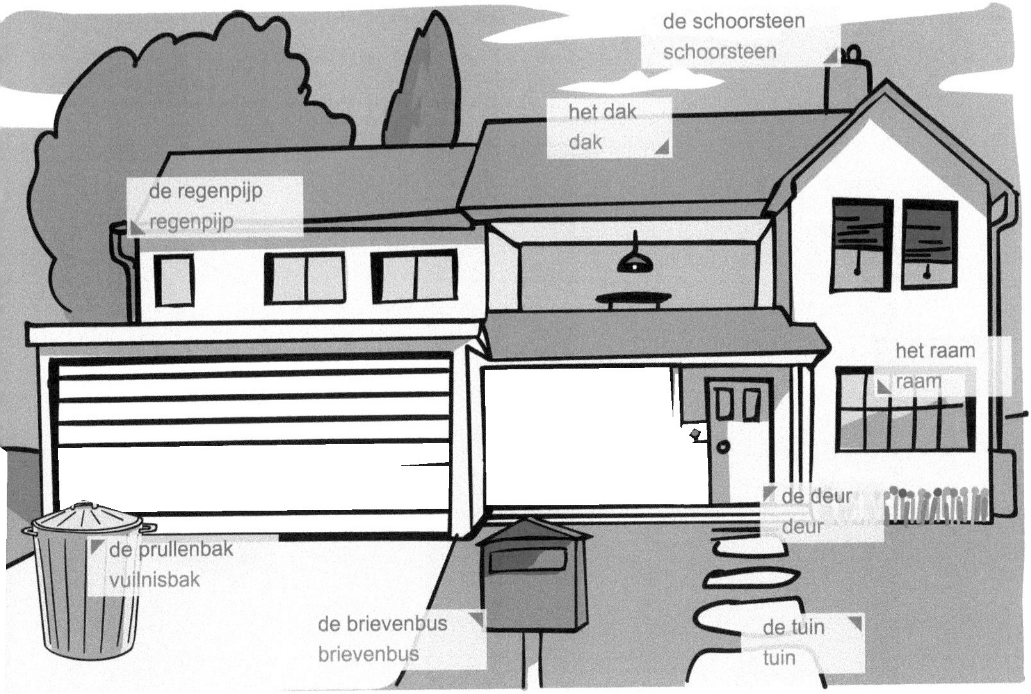

de schoorsteen
schoorsteen

het dak
dak

de regenpijp
regenpijp

het raam
raam

de prullenbak
vuilnisbak

de deur
deur

de brievenbus
brievenbus

de tuin
tuin

de woonkamer
woonkamer

de badkamer
badkamer

de keuken
keuken

de slaapkamer
slaapkamer

de kinderkamer
kinderkamer

de eetkamer
eetkamer

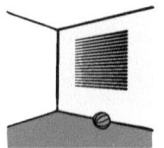

de vloer
vloer

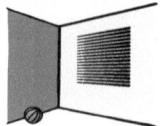

de muur
muur

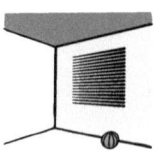

het plafond
plafond

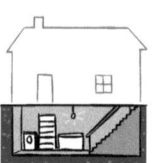

de kelder
kelder

de sauna
sauna

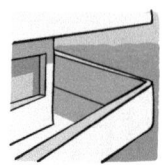

het balkon
balkon

het terras
terras

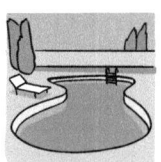

het zwembad
zwembad

de grasmaaier
grasmaaier

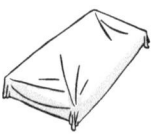

het laken
dekbedovertrek

de bedsprei
dekbed

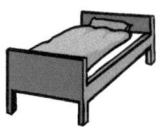

het bed
bed

de bezem
bezem

de emmer
emmer

de schakelaar
schakelaar

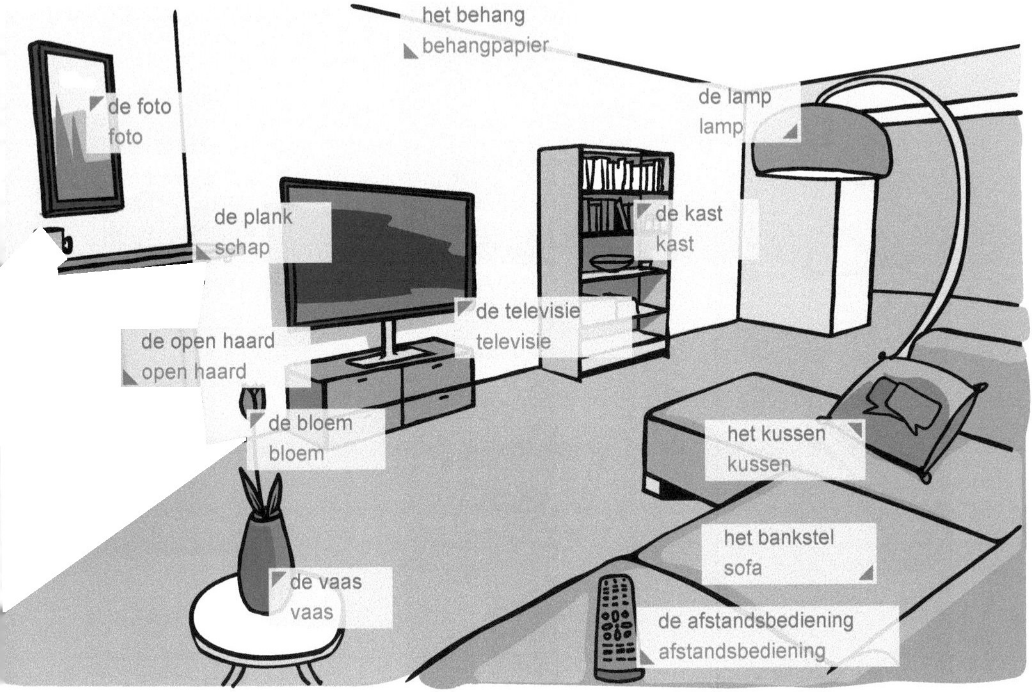

het behang
behangpapier

de foto
foto

de lamp
lamp

de plank
schap

de kast
kast

de televisie
televisie

de open haard
open haard

de bloem
bloem

het kussen
kussen

het bankstel
sofa

de vaas
vaas

de afstandsbediening
afstandsbediening

het tapijt
mat

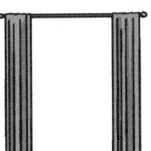

het gordijn
gordijn

de tafel
tafel

de stoel
stoel

de schommelstoel
schommelstoel

de stoel
fauteuil

het boek

boek

de deken

deken

de decoratie

decoratie

het brandhout

brandhout

de film

film

de stereo-installatie

stereo-installatie

de sleutel

sleutel

de krant

krant

het schilderij

schilderij

de poster

poster

de radio

radio

het kladblok

notitieboekje

de stofzuiger

stofzuiger

de cactus

cactus

de kaars

kaars

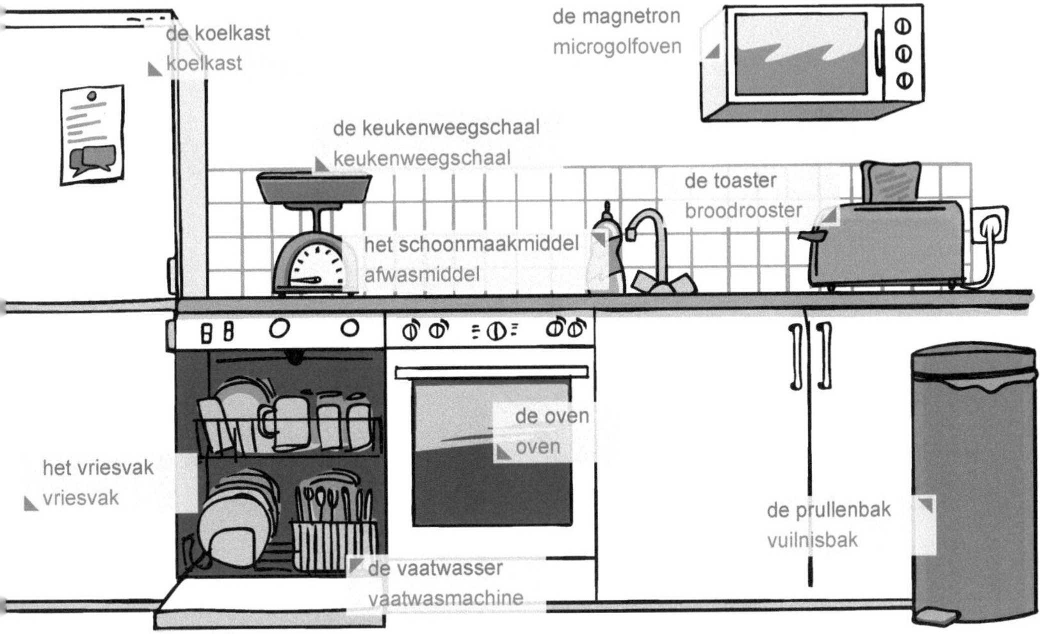

de koelkast
koelkast

de magnetron
microgolfoven

de keukenweegschaal
keukenweegschaal

de toaster
broodrooster

het schoonmaakmiddel
afwasmiddel

de oven
oven

het vriesvak
vriesvak

de prullenbak
vuilnisbak

de vaatwasser
vaatwasmachine

het fornuis
fornuis

de pan
pot

de gietijzeren pan
gietijzeren pot

de wok / kadai
wok / kadai

de koekenpan
pan

de ketel
waterkoker

de stoomkoker
stoomkoker

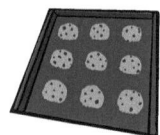

de bakplaat
bakplaat

het servies
servies

de beker
mok

de kom
kom

de eetstokjes
eetstokjes

de soeplepel
pollepel

de spatel
spatel

de garde
garde

het vergiet
vergiet

de zeef
zeef

de rasp
rasp

de vijzel
mortier

de barbecue
barbecue

de vuurhaard
haardvuur

de snijplank

snijplank

de deegroller

deegrol

de kurkentrekker

kurkentrekker

het blik

blik

de blikopener

blikopener

de pannenlap

pannenlap

de wasbak

gootsteen

de borstel

borstel

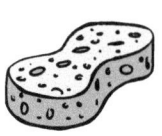

de spons

spons

de blender

blender

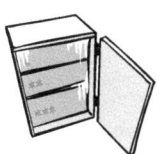

de vriezer

vriezer

het babyflesje

papfles

de kraan

kraan

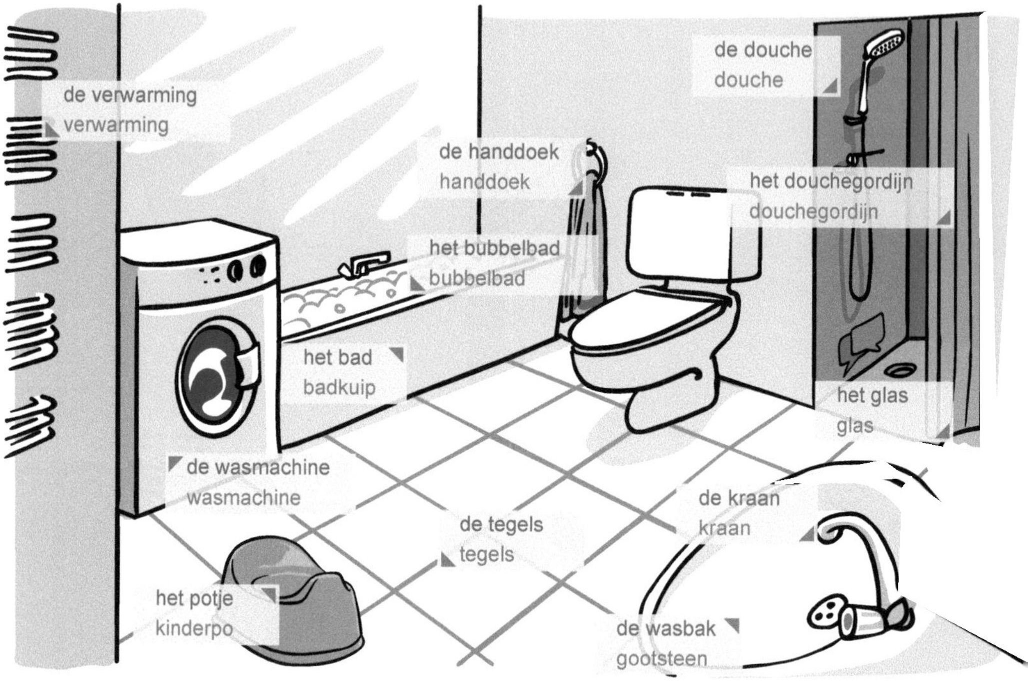

badkamer

de douche
douche

de verwarming
verwarming

de handdoek
handdoek

het douchegordijn
douchegordijn

het bubbelbad
bubbelbad

het bad
badkuip

het glas
glas

de wasmachine
wasmachine

de kraan
kraan

de tegels
tegels

het potje
kinderpo

de wasbak
gootsteen

het toilet

toilet

het hurktoilet

hurktoilet

de/het bidet

bidet

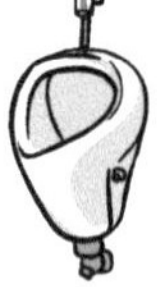

het urinoir

urinoir

het toiletpapier

toiletpapier

de toiletborstel

toiletborstel

de tandenborstel

tandenborstel

de tandpasta

tandpasta

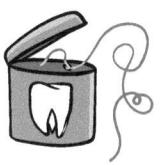

het flosdraad

flosdraad

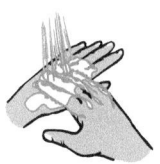

wassen

wassen

de handdouche

handdouche

de toiletdouche

bidethanddouche

de waskom

waskom

de rugborstel

rugborstel

de zeep

zeep

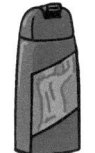

de douchegel

douchegel

de shampoo

shampoo

het washandje

washandje

de afvoer

afvoer

de creme

crème

de deodorant

deodorant

de spiegel

spiegel

de make-upspiegel

handspiegel

het scheermes

scheermes

het scheerschuim

scheerschuim

de aftershave

aftershave

de kam

kam

de borstel

borstel

de haardroger

haardroger

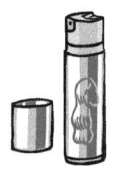

de haarspray

haarlak

de make-up

make-up

de lippenstift

lippenstift

de nagellak

nagellak

de watten

watten

het nagelschaartje

nagelknipper

de/het parfum

parfum

de toilettas

toilettas

de kruk

kruk

de weegschaal

weegschaal

de badjas

badjas

de rubber handschoenen

latex handschoenen

de tampon

tampon

het maandverband

maandverband

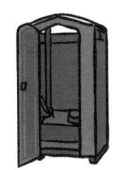

het chemisch toilet

chemisch toilet

kinderkamer

de wekker
wekker
het knuffeldier
knuffel
de speelgoedauto
speelgoedauto
de rammelaar
rammelaar
het poppenhuis
poppenhuis
het cadeau
geschenk

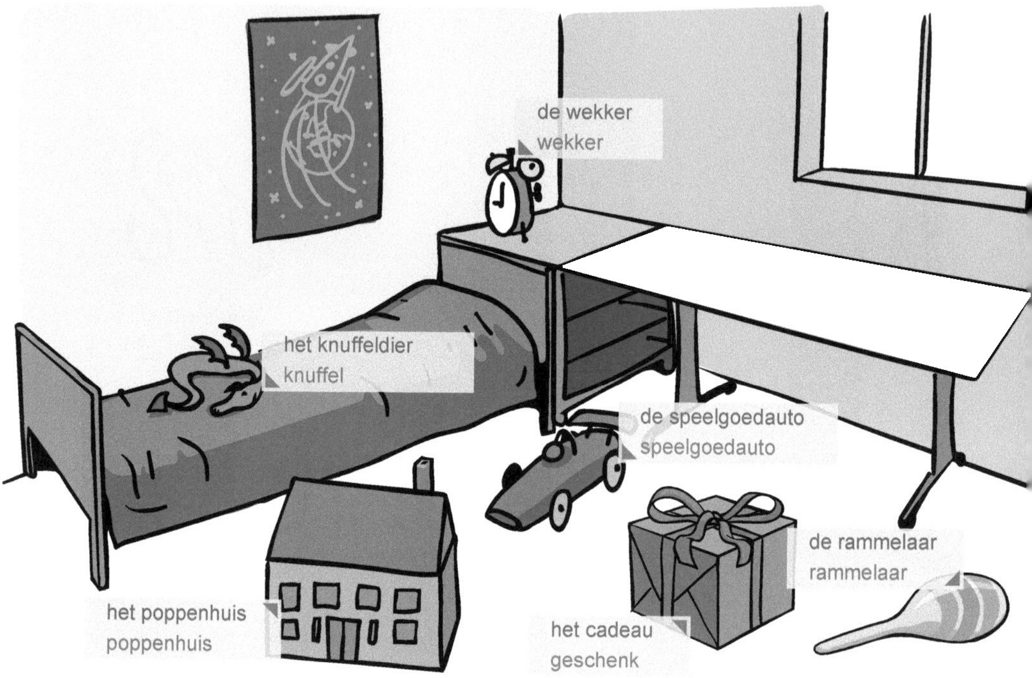

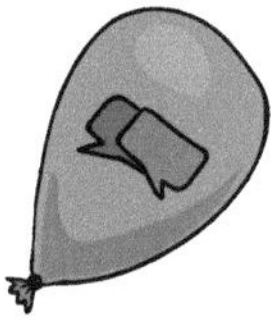

de ballon

ballon

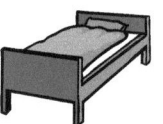

het bed

bed

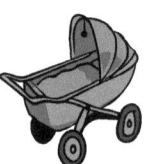

de kinderwagen

kinderwagen

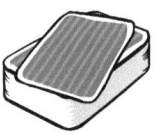

het kaartspel

spel kaarten

de puzzel

puzzel

SUPER
MEGA

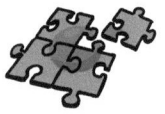

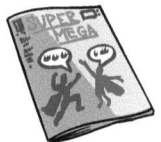

het stripverhaal

stripboek

de legostenen

legoblokjes

de speelgoedblokken

blokken

het actiefiguurtje

actiefiguur

de romper

kruippakje

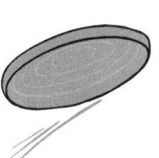

de frisbee

frisbee

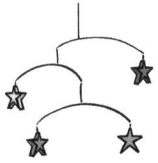

de/het mobile

mobiel

het bordspel

bordspel

de dobbelsteen

dobbelsteen

de modeltrein

modelspoorweg

de speen

fopspeen

het feestje

feest

het prentenboek

prentenboek

de bal

bal

de pop

pop

spelen

spelen

de zandbak

zandbak

de schommel

schommel

het speelgoed

speelgoed

de spelcomputer

spelconsole

de driewieler

driewieler

de teddybeer

knuffelbeer

de kleerkast

kleerkast

kleding

de sokken

sokken

de kousen

kousen

de panty

maillot

de sjaal
sjaal

de paraplu
paraplu

het T-shirt
T-shirt

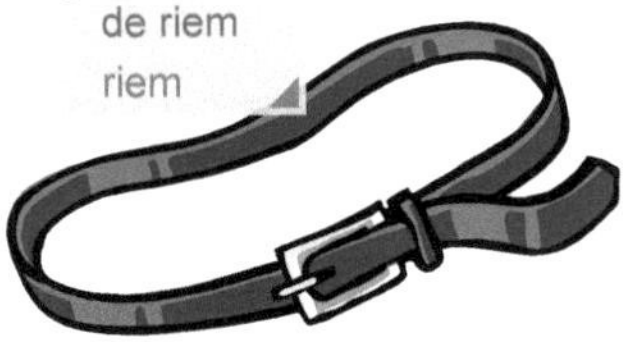

de riem
riem

de sportschoenen
sneakers

de laarzen
laarzen

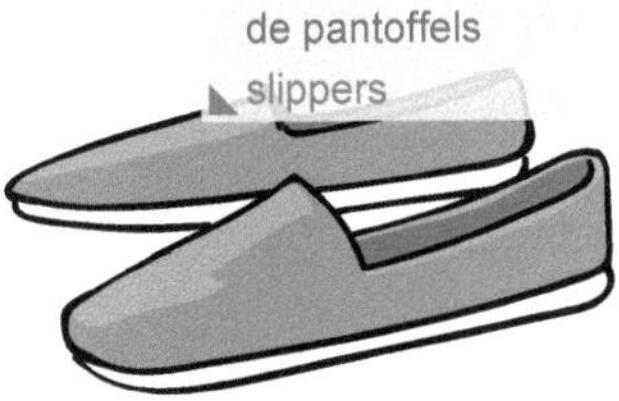

de pantoffels
slippers

de sandalen
sandalen

de schoenen
schoenen

de rubberlaarzen
rubberlaarzen

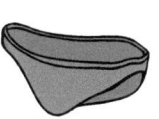

de onderbroek
onderbroek

de beha
beha

het onderhemd
onderhemd

de kleding - kleding

de body

lichaam

de broek

broek

de spijkerbroek

jeans

de rok

rok

de blouse

blouse

het overhemd

hemd

de trui

trui

de hoody

capuchontrui

de blazer

blazer

de jas

jas

de mantel

jas

de regenjas

regenjas

het kostuum

kostuum

de jurk

jurk

de trouwjurk

trouwjurk

het pak

pak

het nachthemd

nachthemd

de pyjama

pyjama

de sari

sari

de hoofddoek

hoofddoek

de tulband

tulband

de boerka

boerka

de kaftan

kaftan

de abaja

abaya

het zwempak

badpak

de zwembroek

zwembroek

de korte broek

short

het trainingspak

trainingspak

de/het schort

schort

de handschoenen

handschoenen

de knoop

knoop

de bril

bril

de armband

armband

de ketting

ketting

de ring

ring

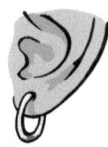

de oorbel

oorbel

de pet

pet

de kledinghanger

kapstok

de hoed

hoed

de stropdas

das

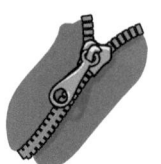

de rits

rits

de helm

helm

de bretels

bretellen

het schooluniform

schooluniform

het uniform

uniform

het slabbetje

slabbetje

de speen

fopspeen

de luier

luier

kantoor

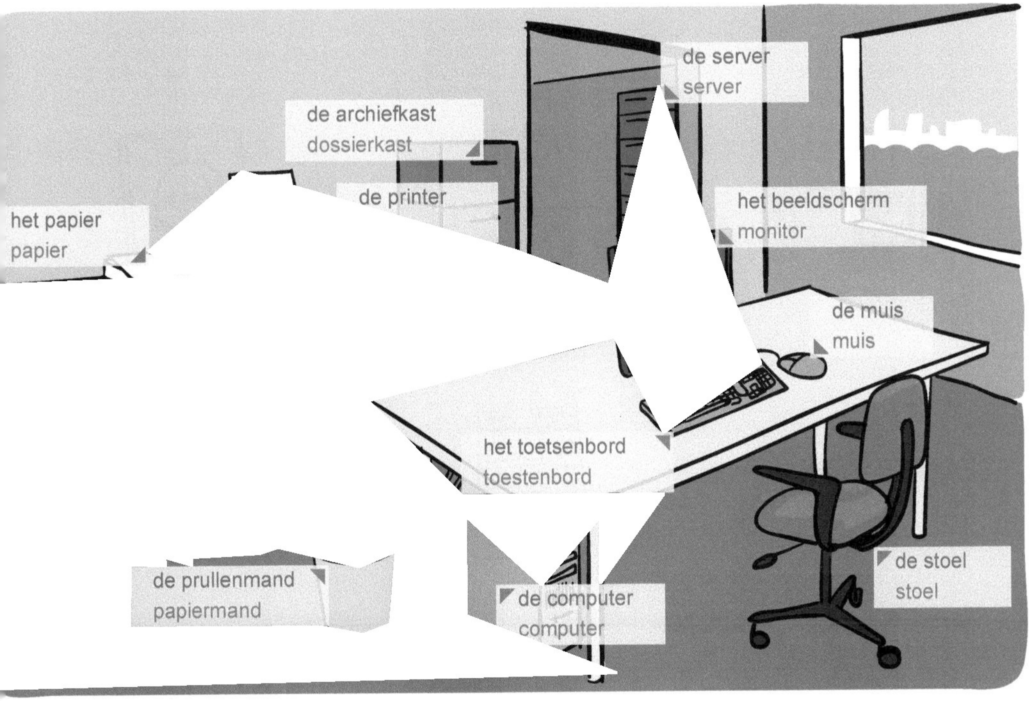

de server
server

de archiefkast
dossierkast

de printer

het papier
papier

het beeldscherm
monitor

de muis
muis

het toetsenbord
toestenbord

de prullenmand
papiermand

de computer
computer

de stoel
stoel

de koffiemok

koffiemok

de rekenmachine

rekenmachine

het internet

internet

de laptop

laptop

de brief

brief

het bericht

bericht

de mobiele telefoon

gsm

het netwerk

netwerk

de kopieermachine

kopieerapparaat

de software

software

de telefoon

telefoon

het stopcontact

stopcontact

de fax

fax

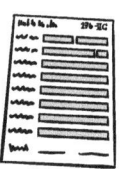

het formulier

formulier

het document

document

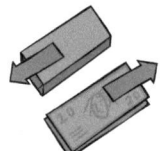

kopen
....
kopen

betalen
....
betalen

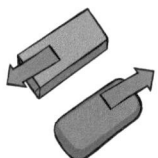

handel drijven
....
handelen

het geld
....
geld

 USD

de dollar
....
dollar

EUR

de euro
....
euro

JPY

de yen
....
yen

RUB

de roebel
....
roebel

CHF

de Zwitserse frank
....
Zwitserse frank

CNY

de renminbi yuan
....
Chinese renminbi

INR

de roepie
....
roepie

de geldautomaat
....
geldautomaat

het wisselkantoor

wisselkantoor

het goud

goud

het zilver

zilver

de olie

olie

de energie

energie

de prijs

prijs

het contract

contract

de belasting

belasting

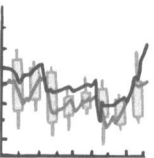

het aandeel

aandeel

werken

werken

de werknemer

werknemer

de werkgever

werkgever

de fabriek

fabriek

de winkel

winkel

de economie - economie

de politieagent
politieagent

de brandweerman
brandweerman

de kok
kok

de dokter
dokter

de piloot
piloot

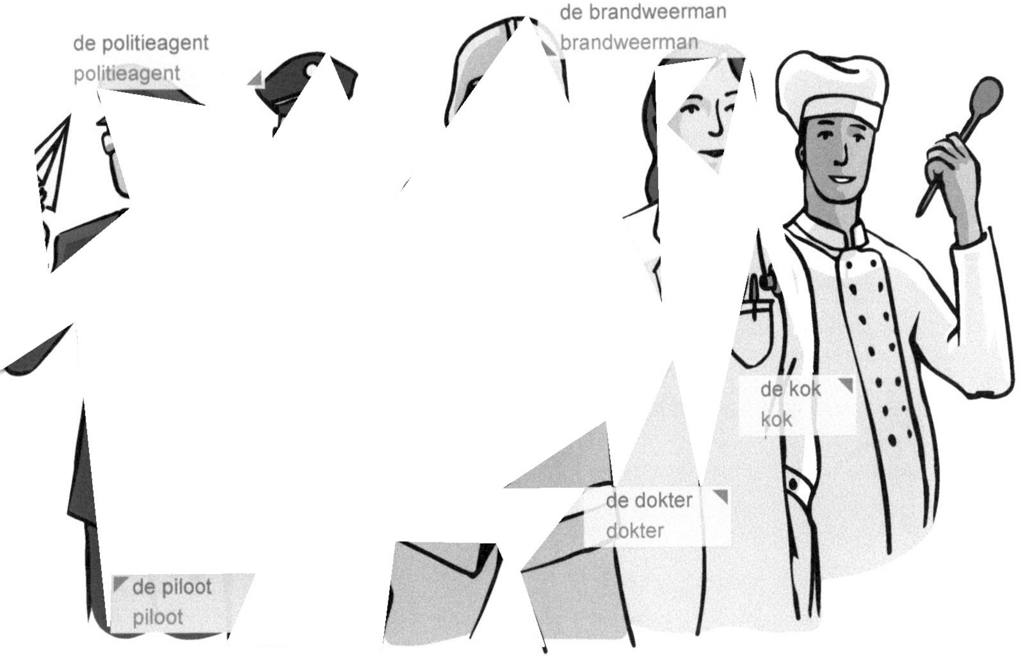

de tuinman
tuinman

de timmerman
timmerman

de naaister
naaister

de rechter
rechter

de scheikundige
chemicus

de toneelspeler
acteur

de buschauffeur

buschauffeur

de taxichauffeur

taxichauffeur

de visser

visser

de schoonmaakster

schoonmaakster

de dakdekker

dakdekker

de ober

ober

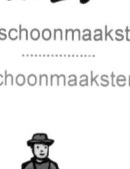

de jager

jager

de schilder

schilder

de bakker

bakker

de elektricien

elektricien

de bouwvakker

bouwvakker

de ingenieur

ingenieur

de slager

slager

de loodgieter

loodgieter

de postbode

postbode

de soldaat

soldaat

de architect

architect

de kassier

kassier

de bloemist

bloemist

de kapper

kapper

de conducteur

conducteur

de monteur

mecanicien

de kapitein

kapitein

de tandarts

tandarts

de wetenschapper

wetenschapper

de rabbi

rabbijn

de imam

imam

de monnik

monnik

de pastoor

geestelijke

werktuigen

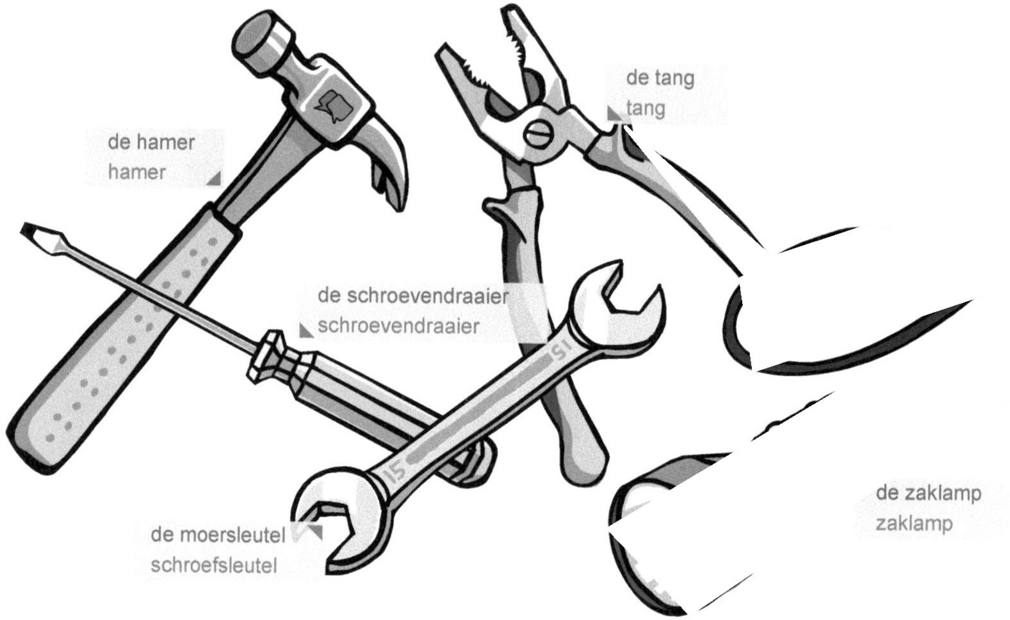
de hamer
hamer
de tang
tang
de schroevendraaier
schroevendraaier
de moersleutel
schroefsleutel
de zaklamp
zaklamp

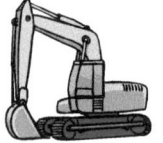

de graafmachine

graafmachine

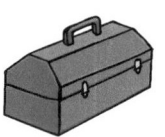

de gereedschapskist

gereedschapskoffer

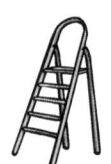

de ladder

ladder

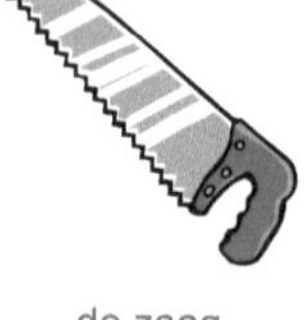

de zaag

zaag

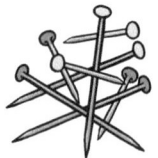

de spijkers

spijkers

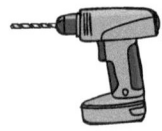

de boor

boormachine

repareren
....
repareren

de schep
....
schop

Verdorie!
....
Verdomme!

het stofblik
....
blik

de verfpot
....
verfpot

de schroeven
....
schroeven

muziekinstrumenten

de luidspreker
luidspreker

het drumstel
drumstel

de contrabas
contrabas

de trompet
trompet

de gitaar
gitaar

de piano

piano

de viool

viool

de bas

basgitaar

de pauk

pauk

de trommel

trommels

het keyboard

keyboard

de saxofoon

saxofoon

de fluit

fluit

de microfoon

microfoon

de ingang
ingang

de tijger
tijger

de kooi
kooi

de zebra
zebra

het dierenvoer
diereneten

de panda
panda

de dieren
....
dieren

de olifant
....
olifant

de kangoeroe
....
kangoeroe

de neushoorn
....
neushoorn

de gorilla
....
gorilla

de beer
....
beer

de dierentuin - zoo

de kameel

kameel

de struisvogel

struisvogel

de leeuw

leeuw

de aap

aap

de flamingo

flamingo

de papegaai

papegaai

de ijsbeer

ijsbeer

de pinguïn

pinguïn

de haai

haai

de pauw

pauw

de slang

slang

de krokodil

krokodil

de dierenverzorger

dierenverzorger

de zeehond

zeehond

de jaguar

jaguar

de pony

pony

de/het luipaard

luipaard

het nijlpaard

nijlpaard

de giraffe

giraffe

de adelaar

adelaar

het wild zwijn

wild zwijn

de vis

vis

de schildpad

zeeschildpad

de walrus

walrus

de vos

vos

de gazelle

gazelle

de dierentuin - zoo

American football
rugby

wielrennen
wielrennen

tennis
tennis

basketbal
basketbal

zwemmen
zwemmen

ijshockey
ijshockey

boksen
boksen

voetbal
voetbal

badminton
badminton

atletiek
atletiek

handbal
handbal

skiën
skiën

polo
polo

lachen
lachen

springen
springen

knuffelen
knuffelen

lopen
wandelen

zingen
zingen

dromen
dromen

bidden
bidden

kussen
kussen

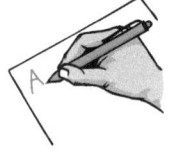

schrijven
schrijven

tekenen
tekenen

tonen
tonen

duwen
duwen

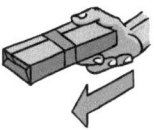

geven
geven

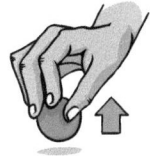

oppakken
nemen

de activiteiten - activiteiten

hebben

hebben

doen

doen

zijn

zijn

staan

staan

rennen

lopen

trekken

trekken

gooien

gooien

vallen

vallen

liggen

liggen

wachten

wachten

dragen

dragen

zitten

zitten

aankleden

aankleden

slapen

slapen

wakker worden

ontwaken

bekijken

kijken naar

huilen

wenen

strelen

aaien

kammen

kammen

praten

praten

begrijpen

begrijpen

vragen

vragen

horen

luisteren

drinken

drinken

eten

eten

opruimen

opruimen

houden van

houden van

koken

koken

rijden

rijden

vliegen

vliegen

zeilen

zeilen

rekenen

rekenen

lezen

Lezen

leren

leren

werken

werken

trouwen

trouwen

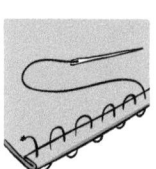

naaien

naaien

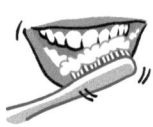

tandenpoetsen

tandenpoetsen

doden

doden

roken

roken

verzenden

sturen

de grootmoeder
grootmoeder

de grootvader
grootvader

de vader
vader

de moeder
moeder

de baby
baby

de dochter
dochter

de zoon
zoon

de gast
gast

de tante
tante

de oom
oom

de broer
broer

de zus
zus

de familie - familie

lichaam

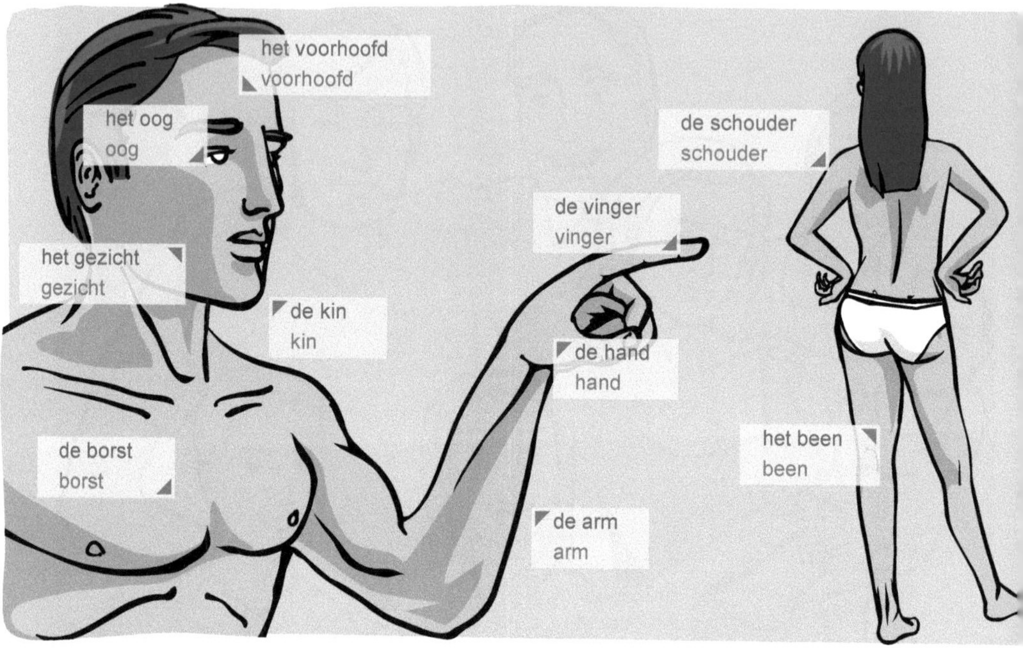
het voorhoofd
voorhoofd
het oog
oog
de schouder
schouder
de vinger
vinger
het gezicht
gezicht
de kin
kin
de hand
hand
het been
been
de borst
borst
de arm
arm

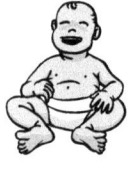

de baby
baby

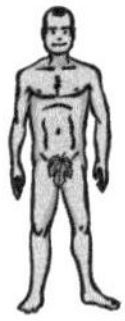

de man
man

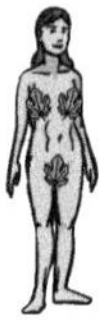

de vrouw
vrouw

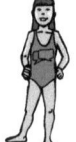

het meisje
meisje

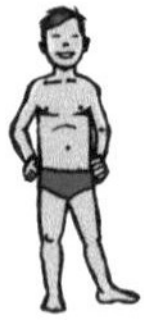

de jongen
jongen

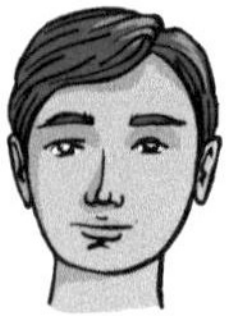

het hoofd
hoofd

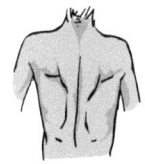

de rug

rug

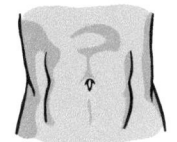

de buik

buik

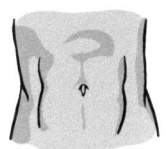

de navel

navel

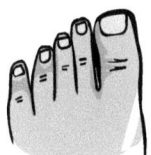

de teen

teen

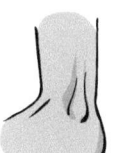

de hiel

hiel

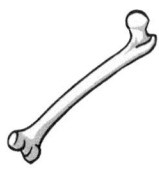

het bot

bot

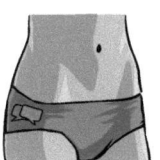

de heup

heup

de knie

knie

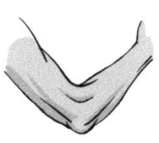

de elleboog

elleboog

de neus

neus

het achterwerk

zitvlak

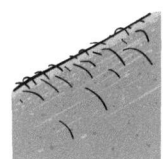

de huid

huid

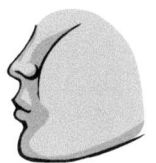

de wang

wang

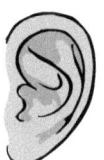

het oor

oor

de lippen

lip

de mond

mond

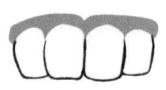

de tand

tand

de tong

tong

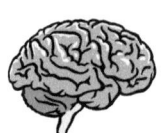

de hersenen

hersenen

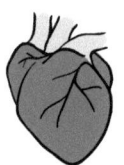

het hart

hart

de spier

spier

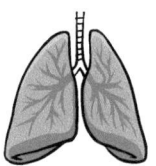

de long

long

de lever

lever

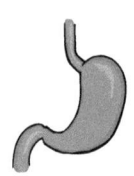

de maag

maag

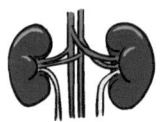

de nieren

nieren

de geslachtsgemeenschap

seks

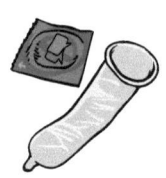

het condoom

condoom

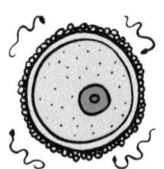

de eicel

eicel

het sperma

sperma

de zwangerschap

zwangerschap

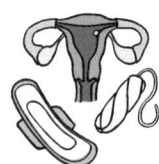

de menstruatie

menstruatie

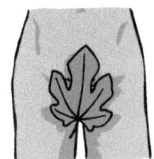

de vagina

vagina

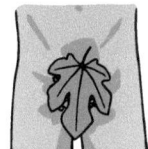

de penis

penis

de wenkbrauw

wenkbrauw

het haar

haar

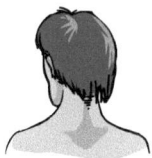

de hals

nek

het ziekenhuis
ziekenhuis

de rolstoel
rolstoel

de fractuur
breuk

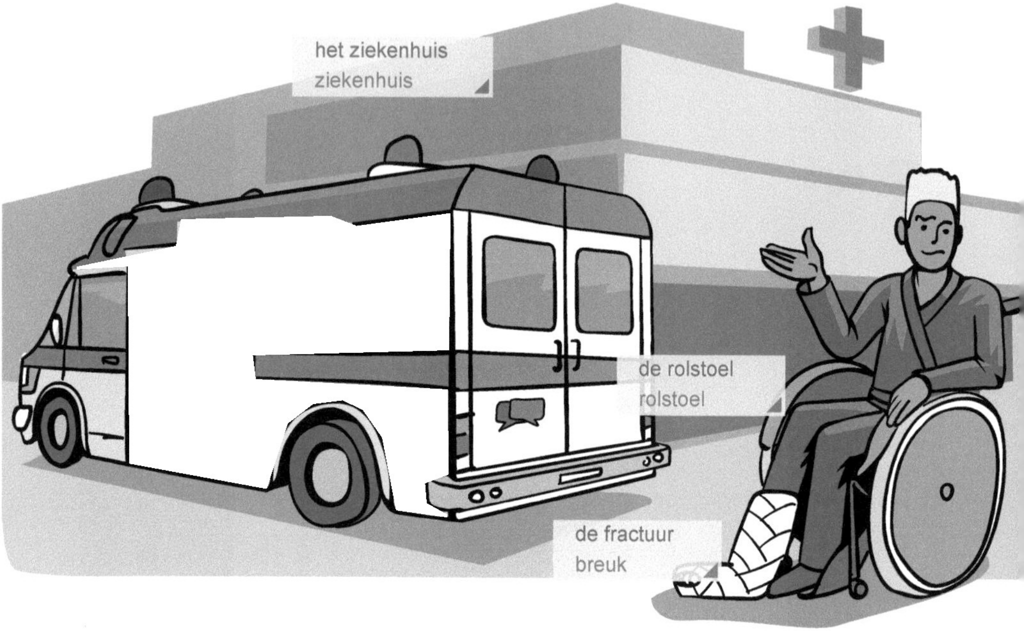

de dokter

dokter

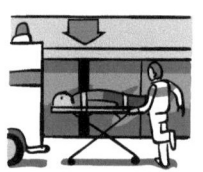

de EHBO

spoed

de verpleegster

verpleegkundige

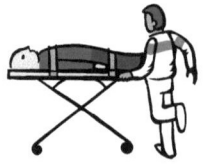

het noodgeval

noodgeval

bewusteloos

bewusteloos

de pijn

pijn

de verwonding

verwonding

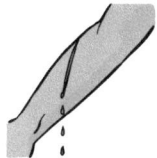

de bloeding

bloeding

de hartaanval

hartaanval

de beroerte

beroerte

de allergie

allergie

de hoest

hoest

de koorts

koorts

de griep

griep

de diarree

diarree

de hoofdpijn

hoofdpijn

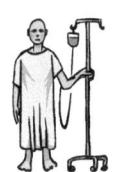

de kanker

kanker

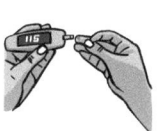

de diabetes

diabetes

de chirurg

chirurg

het scalpel

scalpel

de operatie

operatie

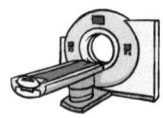

de CT

CT

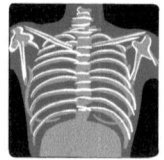

de röntgen

röntgenstraal

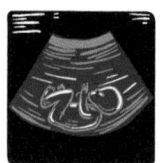

de echografie

ultrageluid

het gezichtsmasker

gezichtsmasker

de ziekte

ziekte

de wachtkamer

wachtkamer

de kruk

kruk

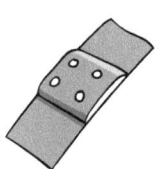

de pleister

pleister

het verband

verband

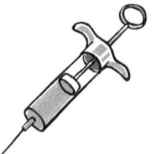

de injectie

injectie

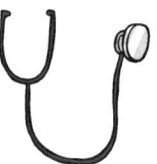

de stethoscoop

stethoscoop

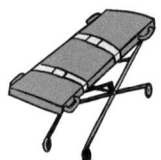

de brancard

brancard

de thermometer

thermometer

de geboorte

geboorte

het overgewicht

overgewicht

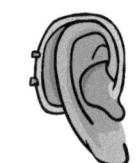

het gehoorapparaat

hoorapparaat

het ontsmettingsmiddel

ontsmettingsmiddel

de infectie

infectie

het virus

virus

(de) HIV / AIDS

HIV / AIDS

het medicijn

medicijn

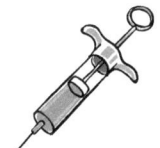

de inenting

vaccinatie

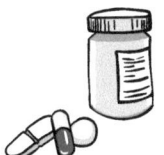

de tabletten

tabletten

de pil

pil

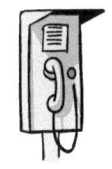

het alarmnummer

noodoproep

de bloeddrukmeter

bloeddrukmeter

ziek / gezond

ziek / gezond

het ziekenhuis - ziekenhuis

Help!	het alarm	de overval
Help!	alarm	overval

de aanval	het gevaar	de nooduitgang
aanval	gevaar	nooduitgang

Brand!	de brandblusser	het ongeluk
Brand!	brandblusser	ongeval
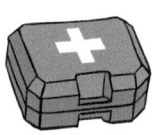		
de EHBO-koffer	SOS	de politie
EHBO-kit	SOS	politie

Europa

Europa

Noord-Amerika

Noord-Amerika

Zuid-Amerika

Zuid-Amerika

Afrika

Afrika

Azië

Azië

Australië

Australië

de Atlantische Oceaan

Atlantische Oceaan

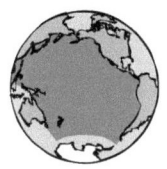

de Stille Oceaan

Stille Oceaan

de Indische Oceaan

Indische Oceaan

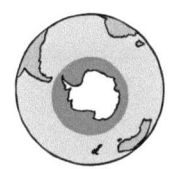

de Zuidelijke Oceaan

Antarctische Oceaan

de Noordelijke IJszee

Arctische Oceaan

de Noordpool

Noordpool

de Zuidpool

Zuidpool

Antarctica

Antarctica

de aarde

aarde

het land

land

de zee

zee

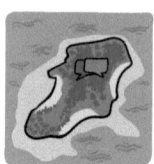

het eiland

eiland

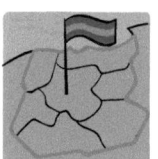

de natie

natie

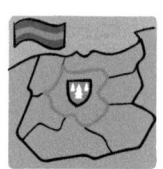

de staat

staat

de wijzerplaat

wijzerplaat

de uurwijzer

uurwijzer

de minutenwijzer

minuutwijzer

de secondewijzer

secondewijzer

Hoe laat is het?

Hoe laat is het?

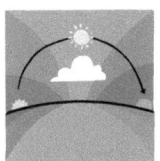

de dag

dag

de tijd

tijd

nu

nu

het digitaal horloge

digitale horloge

de minuut

minuut

het uur

uur

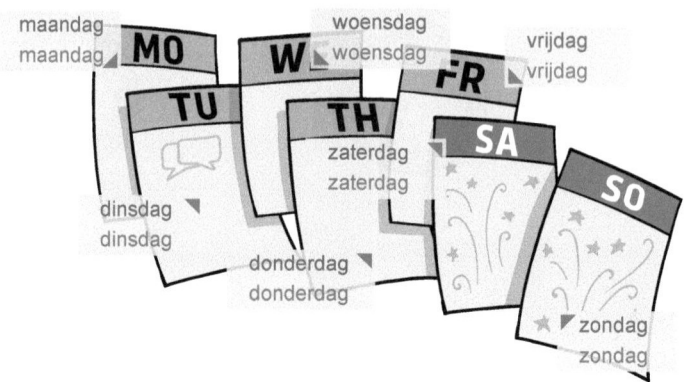

maandag
maandag

woensdag
woensdag

vrijdag
vrijdag

dinsdag
dinsdag

zaterdag
zaterdag

donderdag
donderdag

zondag
zondag

gisteren
gisteren

vandaag
vandaag

morgen
morgen

de ochtend
ochtend

de middag
middag

de avond
avond

de werkdagen
werkdagen

het weekend
weekend

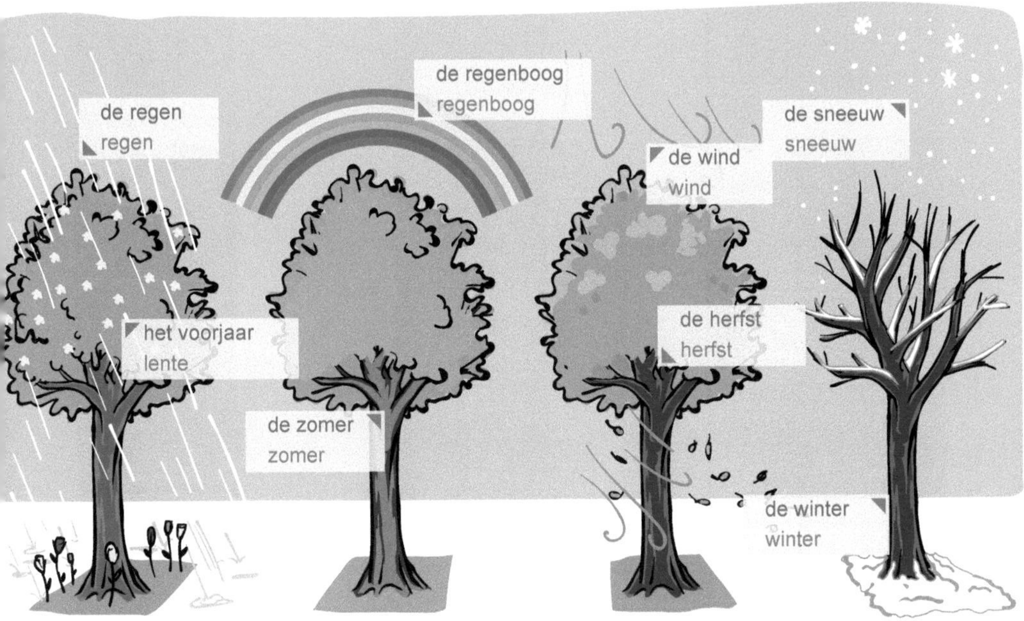

de regen
regen
de regenboog
regenboog
de wind
wind
de sneeuw
sneeuw
het voorjaar
lente
de zomer
zomer
de herfst
herfst
de winter
winter

4.APRIL 11°
5.APRIL 4°
6.APRIL 13°
7.APRIL 8°
8.APRIL 10°

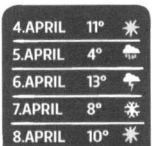

het weerbericht

weervoorspelling

F C
120 40
90 30
60 20
30 10
0 0
-30 -10
-20

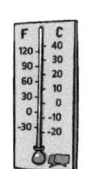

de thermometer

thermometer

de zonneschijn

zonneschijn

de wolk

wolk

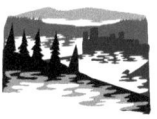

de mist

mist

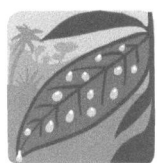

de luchtvochtigheid

vochtigheid

de bliksem

bliksem

de donder

donder

de storm

storm

de hagel

hagel

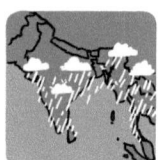

de moesson

moesson

de overstroming

overstroming

het ijs

ijs

januari

januari

februari

februari

maart

maart

april

april

mei

mei

juni

juni

juli

juli

augustus

augustus

september
....
september

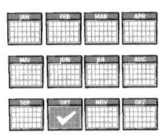

oktober
....
oktober

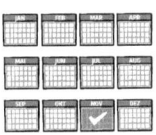

november
....
november

december
....
december

vormen

de cirkel
....
cirkel

het vierkant
....
kwadraat

de rechthoek
....
rechthoek

de driehoek
....
driehoek

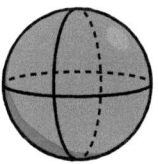

de bol
....
bol

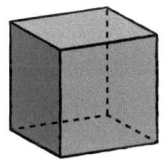

de kubus
....
kubus

wit
....
wit

geel
....
geel

oranje
....
oranje

roze
....
roze

rood
....
rood

paars
....
paars

blauw
....
blauw

groen
....
groen

bruin
....
bruin

grijs
....
grijs

zwart
....
zwart

veel / weinig

veel / weinig

boos / rustig

boos / kalm

mooi / lelijk

mooi / lelijk

begin / einde

begin / einde

groot / klein

groot / klein

licht / donker

licht / donker

broer / zus

broer / zus

schoon / vies

proper / vuil

volledig / onvolledig

volledig / onvolledig

dag/ nacht

dag / nacht

dood / levend

dood / levend

breed / smal

breed / smal

eetbaar / oneetbaar

eetbaar / oneetbaar

gemeen / aardig

kwaadaardig / vriendelijk

opgewonden / verveeld

opgewonden / verveeld

dik / dun

dik / dun

eerste / laatste

eerst / laatst

vriend / vijand

vriend / vijand

vol / leeg

vol / leeg

hard / zacht

hard / zacht

zwaar / licht

zwaar / licht

honger / dorst

honger / dorst

ziek / gezond

ziek / gezond

illegaal / legaal

illegaal / legaal

intelligent / dom

intelligent / dom

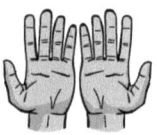

links / rechts

links / rechts

dichtbij / ver

dichtbij / veraf

nieuw / gebruikt
nieuw / gebruikt

niets / iets
niets / iets

oud / jong
oud / jong

aan / uit
aan / uit

open / gesloten
open / dicht

zacht / luid
stil / luid

rijk / arm
rijk / arm

goed / fout
juist / fout

ruw / glad
ruw / glad

verdrietig / gelukkig
droevig / blij

kort / lang
kort / lang

langzaam / snel
traag / snel

nat / droog
nat / droog

warm / koel
warm / koud

oorlog / vrede
oorlog / vrede

0

nul

nul

1

één

één

2

twee

twee

3

drie

drie

4

vier

vier

5

vijf

vijf

6

zes

zes

7

zeven

zeven

8

acht

acht

9

negen

negen

10

tien

tien

11

elf

elf

12

twaalf

twaalf

13

dertien

dertien

14

veertien

veertien

15

vijftien

vijftien

16

zestien

zestien

17

zeventien

zeventien

18

achttien

achtien

19

negentien

negentien

20

twintig

twintig

100

honderd

honderd

1.000

duizend

duizend

1.000.000

miljoen

miljoen

Engels

Engels

Amerikaans Engels

Amerikaans Engels

Chinees Mandarijn

Chinees (Mandarijn)

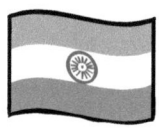

Hindi

Hindi

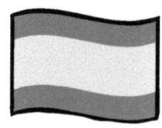

Spaans

Spaans

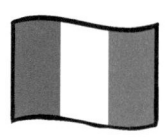

Frans

Frans

Arabisch

Arabisch

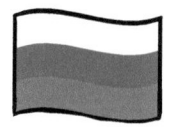

Russisch

Russisch

Portugees

Portugees

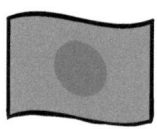

Bengalees

Bengali

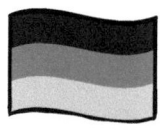

Duits

Duits

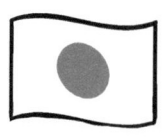

Japans

Japans

ik
ik

jij
u

hij / zij / het
hij / zij / het

wij
wij

jullie
u

zij
ze

wie?
wie?

wat?
wat?

hoe?
hoe?

waar?
waar?

wanneer?
wanneer?

de naam
naam

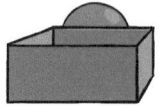

achter
achter

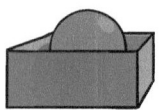

in
in

voor
voor

boven
boven

op
op

onder
onder

naast
naast

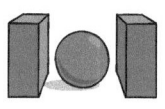

tussen
tussen

plaats
plaats